AF319666

# ANNALES DE LA TERREUR

## A BORDEAUX

## LE GÉNÉRAL GESTAS [1]

> « L'action contre les violences
> et les injustices est éter-
> nelle. » — BOSSUET.

Le 7 nivôse an II (27 décembre 1793), le général Gestas comparaît devant Lacombe et ses sanguinaires acolytes.

Employé comme officier général dans la 11e division militaire, Gestas fut suspendu, par arrêté des conventionnels Garrau, Lamarque et Carnot, de ses fonctions. Il rentra à Bordeaux, où il avait habité antérieurement depuis le 6 septembre 1791.

Très-connu dans cette ville, noble et général destitué, Gestas, qui était descendu rue PorteDijeaux, à l'hôtel de Malte, ne tarda pas à s'apercevoir, par suite des événements qui s'accomplissaient sous ses yeux, que la plus vulgaire prudence lui commandait de fuir ou de se cacher. Il

---

[1] Neuvième volume.

se résolut à ce dernier parti, et des femmes au cœur généreux, appartenant à la classe populaire, lui procurèrent un asile secret et lui portèrent chaque jour les provisions nécessaires à son existence. En dernier lieu, Gestas s'était réfugié chez Cossidon, plâtrier, qui, au péril de sa vie. cachait dans sa maison des proscrits et des prêtres réfractaires.

Le secret ne fut pas bien gardé, ou les limiers révolutionnaires parvinrent à le découvrir; toujours est-il que Gestas, saisi dans sa cachette, alla grossir le nombre des malheureux qui gémissaient dans les prisons de la République.

Les femmes qui l'avaient assisté et Cossidon lui-même, victimes de leur dévoucment. furent arrêtés; Ysabeau jeune, frère du conventionnel et membre du Comité de surveillance, resta chargé de l'instruction de leur affaire.

Quant à Gestas, il subit, le jour même de son arrestation, le 29 frimaire (19 décembre 1793), l'interrogatoire suivant, devant Léard, membre du Comité révolutionnaire :

« Interrogé. Comment vous nommez-vous?

» Répond. Charles-Sébastien-Hubert Gestas,
» âgé de quarante-deux ans, né à Donjeux, dé-
» partement de la Haute-Marne.

» I. Quelle est votre dernière résidence?

» R. Bordeaux.

» I. Quelle est votre naissance?

» R. Ci-devant noble.

» I. Avez-vous servi?

» R. Qu'il a servi dans le ci-devant régiment du
» ci-devant roi, ensuite colonel du 11e régiment
» d'infanterie, et enfin maréchal-de-camp dans la
» 11e division militaire.

» I. Pourquoi avez-vous quitté le service?

» R. Je m'en réfère pour la réponse à cet égard
» à l'arrêté des représentants du peuple Garrau,
» Lamarque et Carnot, sous la date du 23 octo-
» bre 1792.

» I. Reconnaîtriez-vous l'arrêté des représen-
» tants du peuple ?

« R. Oui.

» Et à lui représenté, déclare que c'est le même
» qui lui a été signifié, et offre de le signer *ne*
» *varietur* (1).

« I. Êtes-vous jamais sorti du territoire de la
» République depuis la Révolution ?

» R. Non.

» I. Quels sont les divers lieux de votre rési-
» dence depuis 1792?

» R. Avoir fait son séjour habituel ici, excepté
» six semaines qu'il a passées à Donjeux.

» I. Commandiez-vous à Bayonne lors de votre
» destitution?

» R. Qu'il commandait la 11e division.

» I. Quelles étaient les personnes avec qui
» vous aviez des correspondances depuis votre
» destitution?

» R. Avec sa belle-sœur émigrée, demeurant

---

(1) Cet arrêté ne se trouve pas au dossier.

» à Vevay, son épouse, et avec la personne char-
» gée de ses affaires à Donjeux.

» I. Pourquoi les lettres que vous receviez n'é-
» taient-elles pas signées ?

» R. Que c'est parce qu'il ne signait pas lui-
» même celles qu'il écrivait.

» I. Pourquoi, puisque vous aviez votre séjour
» à Bordeaux, faisiez-vous adresser toutes vos let-
» tres poste restante ?

» R. Parce que n'étant venu ici que pour y
» prendre un certificat de résidence, il y a tombé
» malade et qu'il y a resté plus longtemps qu'il
» n'avait pensé.

» I. Lisiez-vous, sans en perdre un mot, toutes
» les lettres que vous receviez de Vevay ?

» R. Qu'il est possible que la précipitation avec
» laquelle il les lisait l'ait empêché de les lire
» tout à fait.

» I. Connaissez-vous la personne désignée sous
» la lettre R. ?

» R. Que c'est la citoyenne de Roquefeuille, sa
» belle-sœur.

» Connaissez-vous M° Lesp ?

» R. Que c'est M^me Lespidou, une de ses amies,
» qui demeure en Suisse.

» I. Connaissez-vous M. Degl ?

» Que c'est M. Deglé, négociant, qui demeurait
» alors sur le cours de Tourny (de Genève).

» I. Connaissez-vous M. Moutm ?

» R. Que c'est M. Moutmotin, Suisse, qui de-
» meurait avec M^me Lespidou.

» I. Pourquoi, lorsque votre domestique a été
» arrêté à la poste, en venant chercher vos let-
» tres, ne l'avez-vous pas réclamé ?

» R. Parce qu'on était venu le chercher dans la
» nuit à l'hôtel de Malte, et que craignant par
» cette raison d'être arrêté, il avait laissé récla-
» mer son domestique par la personne qui l'avait
» pris depuis à son service.

» I. Quelles sont les sommes que vous avez fait
» passer à votre épouse ?

» R. Aucune.

» I. Avez-vous donné ordre à votre homme
» d'affaires de lui en faire passer ?

» R. Que non.

» I. N'avez-vous point été à Vevay conduire vo-
» tre épouse ?

» R. Que non.

» I. Pouvez-vous donner une preuve non inter-
» rompue de votre résidence en France ?

» R. Que oui.

» I. Pourquoi du temps de la Commission popu-
» laire vous voyait-on ordinairement dans les rues
» de Bordeaux, et que depuis cette époque vous
» vous êtes constamment caché ?

» R. Qu'on ne l'a point vu constamment pendant
» ce temps-là dans les rues, puisqu'il a été long-
» temps malade.

» I. Mais depuis cette époque, il y a eu un décret
» de la Convention qui forçait les non domiciliés
» de Bordeaux à se retirer dans leurs municipali-
» tés respectives sous peine d'être regardés comme

» émigrés et punis comme tels ; pourquoi ne vous
» y êtes-vous pas conformé ?

» R. Parce qu'il a obtenu un certificat de mé-
» decin, visé par les autorités constituées, qui
» constatait qu'il ne pouvait se rendre chez
» lui.

» I. A quelle époque avez-vous obtenu le visa
» des autorités constituées?

» R. Qu'il croit que c'est dans le mois d'août
» ou septembre.

» I. Quelle est la municipalité qui a visé ce cer-
» tificat ?

» R. Que c'est sous la municipalité provisoire.

» I. Avez-vous donné des preuves de républi-
» canisme et pouvez-vous nous les produire ?

» R. Que les personnes qui l'ont entendu parler
» peuvent répondre de son républicanisme.

» I. Mais comme républicain, vous deviez sa-
» voir que l'innocent n'avait rien à craindre ;
» pourquoi donc vous cachiez-vous ?

» R. Qu'il craignait de se voir doublement sus-
» pect, comme ci-devant noble et officier des-
» titué.

» I. Le décret contre les ci-devant nobles n'at-
» teignant que ceux qui n'ont pas donné des preu-
» ves non interrompues de civisme, pourquoi vous
» l'appliquez-vous ? Vous regardez donc aussi vo-
» tre destitution comme bien méritée ?

» R. Parce que j'étais regardé comme suspect
» d'après l'arrêté des représentants , quoique
» j'eusse à lui opposer les attestations que m'a-

» vaient données les autorités constituées de
» Bayonne.

» I. La maison dans laquelle vous avez été
» trouvé, vous appartient-elle ?

» R. Que non et qu'il n'a aucune propriété à Bor-
» deaux.

» I. Comment avez-vous pu parvenir à mettre
» le maître de cette maison si fort dans vos inté-
» rêts, qu'il avait fait pratiquer une niche pour
» vous soustraire aux yeux les plus surveillants ?

» R. Que quand il est arrivé dans cette maison,
» la place existait et qu'il a choisi cet endroit
» comme étant sans apparence.

» I. Quelle maison habitiez-vous avant cette
» dernière ?

» R. L'hôtel de Malte, rue Porte-Dijeaux.

» I. Quelles sont les personnes qui ont été vous
» voir dans ces deux domiciles ?

» R. Qu'il n'a vu personne dans son dernier do-
» micile et que son médecin dans le premier.

» I. Depuis quelle époque êtes-vous à Bor-
» deaux ?

» R. Depuis le 6 septembre 1791, sauf l'inter-
» ruption du service de Bayonne de cinq à six
» mois.

» I. Avez-vous élu votre domicile à Bordeaux ?
» Y avez-vous fait le service dans la garde natio-
» nale ? Avez-vous en un mot payé quelques con-
» tributions dans cette ville ?

» R. Qu'il n'y a fait que deux ou trois patrouil-
» les, sa santé ne lui ayant pas permis de conti-

» nuer, et que son domicile se trouve fixé à Bor-
» deaux par un passeport qu'il a de la municipalité
» provisoire, qui est dans ses papiers, et dont il
» n'a pas profité.

» Lecture faite du présent, a déclaré contenir
» la vérité et a signé.

» Signé : GESTAS. — LEARD. »


Après cet interrogatoire, le Comité de surveillance s'occupa à vérifier la volumineuse correspondance saisie chez l'accusé, et établit ainsi
qu'il suit, par la plume d'Ysabeau jeune, le *ré-
sultat des pièces* :

« 1° Suspendu par les représentants du peuple
» à Bayonne, où il avait un commandement ;

» 2° Reconnu pour être hors la loi comme ayant
» resté à Bordeaux en contravention à la loi
» du..... août dernier; étant démontré par ses
» propres aveux qu'il y est resté jusqu'à son arres-
» tation, le 29 frimaire ;

» 3° En correspondance avec les émigrés ses
» parents et autres, — et avec un grand nombre
» d'anonymes; — très-fortement convaincu d'a-
» voir fait passer de l'argent aux émigrés ;

» 4° Convaincu de manœuvres criminelles pour
» ses certificats de résidence, tant à Bordeaux et
» Bayonne qu'à la Convention même ;

» 5° En pleine correspondance avec un ano-
» nyme d'Yvry, près Paris, qui se vante de pou-
» voir soustraire ses propriétés à la Nation, avec

» laquelle il dit avoir un compte de six millions à
» régler, dont les pièces ne sont pas en règle sui-
» vant lui-même; homme qui dit dans une de ses
» lettres : « Autrefois toutes ces difficultés n'au-
» raient rien été, à présent.... vous m'entendez.»

Arrêté le 19 décembre 1793, Gestas comparaît,
le 27 du même mois, devant la Commission militaire.

L'entête du jugement résume le bilan de ses
crimes de la manière suivante :

« Ledit Gestas accusé d'avoir, en sa qualité de
» maréchal-de-camp dans la onzième division mi-
» litaire, favorisé les ennemis de la patrie, et
» d'avoir, pour cette raison, été destitué par les
» représentants du peuple Garrau, Lamarque et
» Carnot; d'avoir correspondu avec sa belle-sœur,
» son épouse et plusieurs autres personnes émi-
» grées ; d'avoir manifesté plusieurs fois dans
» cette correspondance des sentiments contraires
» à ceux de la liberté ; d'avoir demeuré à Bordeaux
» durant l'existence de la Commission prétendue
» populaire, et d'y avoir secondé ses efforts liber-
» ticides; de n'avoir point obéi au décret de la
» Convention nationale du 23 juillet 1793, qui
» oblige les citoyens non domiciliés à Lyon, Bor-
» deaux, Marseille et Caen, d'en sortir sous peine
» d'être déclarés émigrés. »

Sur les interpellations du président Lacombe, il
déclare s'appeler *Gestas* (Charles-Sébastien-Hubert), âgé de quarante-deux ans, natif de Donjeux,
demeurant à Bordeaux depuis septembre 1791,

ancien militaire, général de brigade, ci-devant maréchal-de-camp.

Il est donné lecture des lois et arrêtés accoutumés et du décret du 23 juillet 1793.

— A quelle époque avez-vous quitté votre poste?

— Je ne l'ai jamais abandonné; j'ai été destitué par les représentants du peuple délégués, à Bayonne, le 27 octobre 1792.

— Si vous eussiez été patriote, cela ne serait pas arrivé.

— On m'a destitué seulement comme suspect, parce que je n'avais pas daté mes lettres de l'an IV de la République; la loi ne m'y obligeait pas Si j'eusse été aristocrate, on m'aurait autrement puni. Je n'ai cessé, depuis la Révolution, de me conduire en bon patriote; j'ai quitté femme et enfants pour servir la République.

— Pourquoi êtes-vous venu à Bordeaux et vous y êtes-vous caché, si vous étiez innocent?

— Après avoir rendu compte de ma conduite aux représentants, je suis veuu à Bordeaux.

— Connaissez-vous la loi du 23 juillet?

— Non.

— Lisez-nous-la, Giffey, dit Lacombe au greffier.

Cette lecture a lieu.

— Eh bien?

— J'étais domicilié à Bordeaux où je me regardais comme tel, je n'ai donc pas eu à quitter cette ville. Je ne l'aurais pu d'ailleurs quand même je l'aurais voulu, parce que j'étais malade.

— Mais lorsque vous avez été arrêté, vous n'étiez pas assez malade pour ne pas vous rendre à votre poste?

— J'ai cherché à me cacher, à cause de ma qualité de ci-devant noble; c'est un malheur et non un crime.

— L'innocent ne doit rien craindre; sous l'ancien régime, à la bonne heure; mais actuellement, comme vous le voyez, le peuple est témoin de toutes nos actions; la vérité est que vous vous saviez coupable.

— Je n'ai rien à me reprocher; le décret du 23 juillet ne pouvait pas s'appliquer à moi, puisque j'étais domicilié à Bordeaux.

— Vous avez mal interprété la loi; ce n'est pas la noblesse qu'on veut punir, c'est le crime des nobles! Vous ne pouviez douter que la loi du 23 juillet vous était applicable, puisqu'on vous l'a envoyée directement ici, et lorsque Guadet, Wimpffen et autres étaient aux environs de Bordeaux?

— Je n'ai jamais connu Wimpffen ni Guadet; c'est mon homme d'affaires qui, craignant qu'on ne sequestrât mes biens, m'avait envoyé cette loi.

— Vous n'avez donc pas péché par ignorance?

— J'étais sûr de ma conscience.

Il est donné lecture d'une lettre du 8 août, *où il y a beaucoup d'abrégé,* disent les notes d'audience.

— Pourquoi ces abréviations?

— Parce que j'étais instruit des noms.

— Qui vous a écrit C. L.?

— Ma belle-sœur, qui est en Suisse.

— Pourquoi n'a-t-elle pas signé?

— Je ne signe jamais mes lettres, non plus que ceux qui m'écrivent.

— Qui est cette M^me de L....?

— Lesperon, qui est en Allemagne.

— Et L. R.?

— C'est l'abbé Robert, Suisse.

— Et L... F ..?

— L'estomac de mon fils.

— Et J... A... C... C...?

— C'est un domestique nommé Jacob.

— Et M...?

— Cela veut dire ou Mayence ou M., je l'ignore.

— Enfin, il résulte de ces lettres que vous correspondiez avec les émigrés?

— Je correspondais pour mes affaires avec ma femme ou ma belle-sœur; ce n'est pas un crime.

— Expliquez-nous cette phrase d'une lettre écrite du 8 au 17, dans laquelle on vous rappelle le décret du 23 juillet?

— Je ne sais ce que cela veut dire.

— Et cette lettre du 28 juin?

— C'est mon homme d'affaires qui me l'a écrite. Je présume que c'est à cause de la séquestration de mes biens, par suite de la mort de ma femme.

— Vous avez envoyé de l'argent aux émigrés?

— Non, je me proposais de demander un passeport pour aller chercher mes deux fils qui étaient allés en pays étranger avec ma femme.

— Il n'en faudrait pas davantage pour fixer le Tribunal et tous les bons citoyens qui nous entendent. Les enfants sont toujours sous la puissance du père et vous les avez fait émigrer?

— Ma femme les a amenés en mon absence et lorsque je défendais la patrie, puis elle est morte en Suisse et je voudrais avoir mes enfants auprès de moi. Y a-t-il de ma faute dans tout cela?

— Sans doute, il suffit d'un homme comme vous qui a la présence d'esprit que vous avez pour tourner les difficultés : mais la mauvaise foi sort de votre bouche comme la vérité. Si les représentants du peuple vous avaient vu comme nous, vous auriez déjà paru devant le Tribunal. Quel est le Duport qui a signé cette lettre?

— Je n'en sais rien ; je crois, cependant qu'il est employé dans le département de la Haute-Marne.

— Que veut dire ce grand voyage tant désiré?

— Celui que j'allais entreprendre pour me rendre dans mes biens séquestrés et pour justifier de ma non émigration.

— Quel est ce Préveraud?

— Préveraud est un avocat de Paris.

— Quel jour avez-vous obtenu un décret de la Convention?

— Je l'ai obtenu le 27 mai, à l'occasion d'affaires relatives à mon service.

— C'est qu'alors le parti aristocrate y dominait,

et vous auriez obtenu tout ce que vous auriez voulu.

— Pourquoi votre frère vous recommande-t-il dans cette lettre de mettre une double enveloppe au lieu d'une adresse double?

— Il était à Rennes et m'avait invité à lui adresser mes lettres à un citoyen dont j'ai oublié le nom.

— Toutes les explications que vous donnez au Tribunal sont très-adroites, mais nous n'y ajoutons point de foi. De quel département parlait votre ami dans cette lettre du 13 juillet?

— C'est mon homme d'affaires, et il parle du département de la Haute-Marne.

— Ce département, sans doute, était, comme celui de la Gironde, prêt à favoriser les aristocrates. Voici encore une lettre d'un officier, datée de Saint-Jean-de-Luz, et où nous voyons beaucoup de louche; de qui est-elle?

— D'un officier nommé Bordenave.

— Il paraît que le titre de citoyen ne vous flatte pas beaucoup, car aucun de vos correspondants ne vous l'attribue. Quels sont les ennemis dont parle cette lettre?

— Il s'agit d'un administrateur du district de Joinville, dans la Haute-Marne.

— Ces ennemis sont des amis de la République. Voici une lettre où on vous qualifie du titre de *comte;* vous auriez dû la brûler?

L'accusé prend la lettre, l'examine et veut la déchirer.

— Il ne vous est point permis de la déchirer devant le Tribunal; d'ailleurs, elle appartient maintenant au dossier.

— Où était votre frère à l'époque où il vous a écrit cette lettre datée du 7 octobre 1793?

— Il était en Bretagne ou en Lorraine.

Il est donné lecture de diverses lettres de l'abbé Robert.

— Vous étiez en correspondance avec l'abbé Robert?

— Oui, au sujet de mes enfants.

— C'est-à-dire avec un émigré.

— L'abbé Robert n'est pas un émigré, il est Suisse de nation.

— Et quel est ce grand projet dont il est question dans ses lettres?

— Il s'agissait de la vente d'une voiture.

— A quel homme ayant un peu de bon sens persuaderez-vous que la vente d'une voiture puisse être qualifiée de grand projet?

— C'est pourtant la vérité.

— C'est bien.

Le jugement résume imperturbablement en trois ou quatre lignes les débats animés que nous venons de transcrire.

« L'accusé, y est-il dit, a dans ses réponses » manifesté la mauvaise foi ordinaire aux aristo- » crates; mais il n'a pu détruire les principales » inculpations portées contre lui. »

Après avoir délibéré avec ses collègues, Lacombe prononce ainsi sur le sort du malheureux général :

« La Commission militaire, convaincue que l'ac-
» cusé a été destitué par les représentants du peu-
» ple Garrau, Lamarque et Carnot, pour avoir
» abusé de la place qui lui avait été confiée; qu'il
» a correspondu avec plusieurs émigrés, et qu'il
» a manifesté dans cette correspondance des sen-
» timents contre-révolutionnaires; qu'on lui a
» adressé presque toutes ses lettres sous les ti-
» tres de *Monsieur* et de *Comte*, proscrits depuis
» longtemps par la raison et la liberté.

» Convaincu qu'au mépris de la loi du 23 juillet
» 1783, il a demeuré dans Bordeaux, ordonne,
» d'après cette même loi et celle du 27 mars de la
» même année, qu'il subira la peine de mort, tous
» ses biens confisqués au profit de la République;
» ordonne, en outre, l'impression et l'affiche du
» présent jugement partout où besoin sera. »

(Lacombe, Parmentier, Marguerié,<br>Morel, Barsac.)

Ce jugement est accueilli par l'auditoire des sans-culottes aux cris de *Vive la République! vive la Convention !*

Gestas passa aux mains de l'exécuteur; les longs cheveux châtains qui encadraient sa figure aristocratique tombent sous le ciseau, ses yeux bleus et expressifs s'emplissent de larmes au souvenir des deux orphelins qu'il va laisser, et une sorte d'affaissement moral l'accable pendant quelques instants; mais sa nature énergique et trempée aux périls des camps reprend bientôt le dessus, et le général républicain marche d'un pas assuré vers l'échafaud.

En vérité, nous ne nous sentons pas le courage d'ajouter des commentaires aux pages attristantes que l'on vient de lire; toutefois, nous ne saurions qualifier assez énergiquement l'horreur que nous inspirent les bourreaux qui usurpaient alors le nom de juges. Comme le dit si bien M. Beugnot dans ses Mémoires, « un essaim d'hommes bar-
» bares avait jailli, on ne sait d'où, on ne sait
» comment, et couvrait la surface de la Républi-
» que d'espions, de délateurs, d'administrateurs,
» de juges et de bourreaux. Il n'existait plus d'en-
» droit écarté où la vertu pût respirer tranquille.
» Les courages étaient abattus, les âmes flétries,
» les visages défaits. On tremblait de parler, de
» jeter un regard, de s'arrêter, d'entendre; et
» dans ces jours d'opprobre, les Français eussent
» perdu la mémoire avec la parole, s'il était aussi
» facile d'oublier que de se taire... » (1).

Le procès de Gestas fut d'ailleurs la seule besogne du vaillant Tribunal révolutionnaire dans la journée du 27 décembre 1793.

Nous devons ajouter, pour être complet, que Cossidon et les femmes Ducros et autres, qui avaient caché Gestas, ne paraissent pas avoir été

---

(1) Mémoires du comte Beugnot, t. Iᵉʳ, p. 115.

poursuivis sérieusement à cette occasion. Ils furent tous relâchés, et cette rare indulgence valait la peine d'être notée ici.

AURÉLIEN VIVIÉ.

Bordeaux. — Imp. Eug. BISSEI, rue Porte-Dijeaux, 43.

9 782013 661492